Sagen Sie es einfach
Eine Einführung in die einfache Sprache

Sagen Sie es einfach
Eine Einführung in die einfach Sprache

Domingos de Oliveira

Bibliografische Information der Deutschen Nationalbibliothek:
Die Deutsche Nationalbibliothek verzeichnet diese Publikation in
der Deutschen Nationalbibliografie; detaillierte bibliografische
Daten sind im Internet über http://dnb.dnb.de abrufbar.

Impressum
Copyright: © 2016 Domingos de Oliveira
Herstellung und Verlag: BoD – Books on Demand, Norderstedt
ISBN: 9783741264320

Inhaltsverzeichnis

1. Einleitung 9
2. Teil I: Warum brauchen wir einfache Sprache? 11
   - 2.1 Was ist einfache Sprache? 11
   - 2.2 Warum verwenden wir nicht die Leichte Sprache? 12
   - 2.3 Vorteile und Grenzen der einfachen Sprache 13
   - 2.4 Warum schreiben wir kompliziert? 15
   - 2.5 Die Zielgruppe der einfachen Sprache 16
   - 2.6 Lesen und Verstehen 18
   - 2.7 Muss ich alle Texte in einfacher Sprache schreiben? .. 20
   - 2.8 Die Sprache des Lesers 20
   - 2.9 Gesetzliche Situation der einfachen Sprache? 21
3. Teil II: Die Leitlinien für einfache Sprache 23
   - 3.1 Die Ebene der Wörter 23
     - Vermeiden Sie unbekannte Wörter 23
     - Erklären Sie unbekannte Wörter 24
     - Ziehen Sie Verben vor und vermeiden Sie Substantivierungen 24
     - Vermeiden Sie gehäufte Substantive 25
     - Vermeiden Sie Adjektive 25
     - Vermeiden Sie Abkürzungen 26
     - Vermeiden Sie Synonyme 26
     - Vermeiden Sie zusammengesetzte Wörter 26
     - Vermeiden Sie Füllwörter 27
     - Vermeiden Sie Silbentrennung 28
     - Bieten Sie ein Wörterbuch an 28
   - 3.2 Sätze und Formulierungen 29
     - Seien Sie präzise 29
     - Machen Sie nur eine Aussage pro Satz 29
     - Verwenden Sie höchstens 14 Wörter pro Satz 30
     - Halten Sie Substantiv und Verb zusammen 30
     - Verzichten Sie auf Rückbezüge 30

    Ziehen Sie positive Aussagen vor 31
    Nennen Sie zunächst die Regel und dann die Ausnahme 32
    Schreiben Sie aktiv 32
    Verwenden Sie eine persönliche Ansprache 33
    Vermeiden Sie Zwischensätze und Nebensätze 33
    Verwenden Sie einfache Aussage-Formen 34
    Verwenden Sie lebensnahe Beispiele........................34
3.3 Interpunktion und Formatierung 35
    Formatieren Sie den Text leserfreundlich 35
    Verwenden Sie möglichst nur zwei Satzzeichen pro Satz 36
    Verwenden Sie Hervorhebungen sparsam...............36
    Wählen Sie eine gut lesbare Schriftart und Schriftgröße 37
3.4 Strukturierung von Informationen..............................38
    Ordnen Sie die Informationen sinnvoll....................38
    Stellen Sie wichtige Informationen an den Anfang des Textes 39
    Wiederholen Sie sich..40
    Verwenden Sie Zwischen-Überschriften 41
    Strukturieren Sie den Text logisch............................42
    Lassen Sie unnötige Informationen weg 43
    Setzen Sie Pflicht-Informationen ans Ende..............43
3.5 Weitere Hinweise..44
    Verwenden Sie Visualisierungen 44
    Verwenden Sie einfache Tabellen 44
    Bieten Sie Zusammenfassungen an..........................45
    Gestalten Sie Ihre Inhalte einheitlich 45
4. Anhang: Tipps und Hilfsmittel...47
4.1 Stellen Sie sich einen Muster-Leser vor 47
4.2 Finden Sie einen kritischen Gegen-Leser 48
4.3 Passen Sie Ihre Richtlinien an 48

4.4 Schreiben Sie einfach 49
4.5 Lassen Sie den Text eine Weile liegen........................49
4.6 Technische Hilfsmittel 50
   Statistische Analyse-Tools 50
   Das Language Tool..51
   Das Programm Papyrus Autor 51
4.7 Weiterführendes..51

1. Einleitung

Mehr als 40 Prozent der Deutschen können Texte nur schlecht oder gar nicht verstehen. Tatsächlich haben wir alle gelegentlich Probleme dabei, Texte zu verstehen: Denken Sie an das letzte Mal, als Sie einen Text nicht verstanden haben. War es vielleicht eine Anleitung? Oder eine Theaterkritik in der Zeitung? Oder die Präsentation eines Kollegen?

Die Lösung für unser Nicht-Verstehen ist die einfache Sprache. Die einfache Sprache kann von rund 85 Prozent der Deutschen verstanden werden. Mit dieser Broschüre möchte ich Sie dabei unterstützen, Texte in einfacher Sprache zu schreiben.

Diese Broschüre richtet sich an Personen, die gelegentlich oder regelmäßig für andere Menschen schreiben. Diese Personen nenne ich Verfasser. In dieser Broschüre geht es nur um Sach- und Informationstexte. Die Anforderungen an literarische Texte werde ich nicht behandeln.

Sie sind ein erfahrener Leser. Deswegen habe ich nicht alle Leitlinien der einfachen Sprache in dieser Broschüre konsequent umgesetzt. Sie werden einige längere Sätze und komplizierte Wörter finden. Dass soll Ihnen zeigen, dass Sie die Leitlinien nicht wortwörtlich umsetzen müssen. Die erste Anforderung der einfachen Sprache lautet: Orientieren Sie sich daran, was Ihre Zielgruppe versteht. Deswegen spreche ich auch von Leitlinien und nicht von Regeln.

Die Leitlinien zur einfachen Sprache sollen Ihnen zeigen, wo die Stolpersteine liegen. Sie müssen selbst entscheiden, ob und wie Sie die Leitlinien umsetzen. In jedem Bereich gibt es bestimmte Konventionen und Gewohnheiten. Als Verfasser haben Sie bestimmte Vorstellungen davon entwickelt, wie eine gute Formulierung aussieht. Diese Gewohnheiten können Sie nicht sofort ablegen. Seien Sie jedoch offen dafür, Gewohnheiten zu überprüfen und Konventionen zu hinterfragen. „Es ist schon immer so gemacht worden" oder „Man macht es nun mal so" ist keine gute Begründung für einen unverständlichen Text.

Sie schreiben die Texte nicht für sich selbst. Und Sie nehmen auch nicht an einem Schreib-Wettbewerb für Deutschlands schönsten Text teil. Sie schreiben den Text für den Leser. Und auf den Leser kommt es an. Wenn er Ihren Text nicht versteht, war Ihre Mühe umsonst.

Die Broschüre besteht aus zwei Teilen: Im ersten Teil lege ich die theoretischen Grundlage für die einfache Sprache. Es geht um das Was, das Warum und das für Wen. Diesen Teil können Sie überspringen, wenn sie diese Informationen nicht benötigen. Der zweite Teil besteht aus den Leitlinien für einfache Sprache. Im Anhang finden Sie Hinweise, wie Sie die einfache Sprache leichter umsetzen können.

Zu mir selbst: Ich interessiere mich schon seit meiner Zeit an der Universität dafür, wie Texte möglichst verständlich gestaltet werden können. Ich bin ein Bücherwurm und habe es geliebt, mich quer durch die Universitäts-Bibliothek zu lesen. Schnell fiel mir auf, dass viele Texte, vor allem aus der Geisteswissenschaft, schwer zu verstehen sind. In einem Lehrgang zum Online-Redakteur lernte ich die journalistischen Schreibregeln. Seit dem habe ich zwei Bücher, einige Broschüren und hunderte Blogbeiträge, Artikel und Nachrichten geschrieben.

Anfang 2016 habe ich die einfache Sprache für mich entdeckt. Sie bedeutet für mich vor allem mehr Demokratie: Nur wer versteht, kann sich beteiligen. Und nur eine verständliche Sprache kann dafür sorgen, dass sich alle zugehörig fühlen. Diese Broschüre entstand, weil es bisher kaum Material zur einfachen Sprache gibt.

Ich freue mich über Ihr Feedback: Haben Ihnen Informationen, Leitlinien oder Beispiele gefehlt? Benötigen Sie eine Schulung zu diesem Thema? Ich freue mich über Ihr Feedback an barrierefreiheit@posteo.de.

2. Teil I: Warum brauchen wir einfache Sprache?

In diesem Abschnitt möchte ich das Konzept hinter der einfachen Sprache beschreiben. Sie erfahren zunächst, was einfache Sprache eigentlich ist. Außerdem möchte ich zeigen, welche Gruppen von der einfachen Sprache profitieren und wo die Probleme der Alltagssprache liegen.

2.1 Was ist einfache Sprache?

Ich muss ein wenig ausholen, um das Konzept der einfachen Sprache zu erklären.

Im Sprachen lernen werden sechs Kompetenzstufen unterschieden: Die unterste Stufe ist A 1, die höchste Stufe ist C 2. Die Kompetenzstufen lassen sich folgendermaßen zusammenfassen:

- A 1: Die Person kann einfache Auskünfte über sich geben. Sie kann sehr einfache Anweisungen verstehen, wenn sie konkret mit ihrem Leben zu tun haben.
- A 2: Die Person kann Informationen und Anweisungen verstehen, wenn sie nahe an ihrer Lebenswirklichkeit sind.
- B 1: Die Person versteht einfache Texte und Unterhaltungen. Sie kann ausführlich über sich selbst und über andere Personen berichten.
- B 2: Die Person versteht auch komplexere Gespräche und Texte.
- C 1: Die Person kann anspruchsvollen Diskussionen folgen und sich daran beteiligen, wenn sie mit dem Thema vertraut ist. Sie kann sich in komplexe Themen einarbeiten, mit denen sie bisher nichts zu tun hatte.

- C 2: Die Person kann auch sehr komplexen Fachdiskursen folgen und an ihnen teilnehmen, auch wenn sie außerhalb ihres Erfahrungsbereiches liegen.

Die einfache Sprache wird zwischen A 2 und B 1 eingeordnet. Diese Broschüre orientiert sich an der Kompetenzstufe B 1. Auf der Kompetenzstufe A 1 und A 2 müssen Sie Informationen weglassen, die nicht nahe am Leben der Leser sind. Ab der Stufe B 1 können alle Informationen vermittelt werden.

Die Leichte Sprache entspricht übrigens der Kompetenzstufe A 1. Die Texte der BILD-Zeitung entsprechen dem Niveau B 1, der Focus entspricht B 2 und die Frankfurter Allgemeine Zeitung bewegt sich auf dem Niveau C 1. Die meisten Menschen bewegen sich zwischen den Niveaus B 1 und B 2.

Die einfache Sprache hat zwei Ziele:

- Der Text soll leicht lesbar sein. Dazu trägt die visuelle Gestaltung bei.
- Der Text soll inhaltlich verständlich sein, das ist das eigentliche Ziel der einfachen Sprache.

2.2 Warum verwenden wir nicht die Leichte Sprache?

Sie haben sicher schon von der Leichten Sprache gehört. Es handelt sich um eine stark vereinfachte Form der Alltagssprache. Sie richtet sich an Menschen mit Lernbehinderung. Sie folgt einem bestimmten Regelwerk, das vom Netzwerk Leichte Sprache festgelegt wird.

Warum verwenden wir nicht die Leichte Sprache, sondern erfinden mit der einfachen Sprache ein neues Konzept? Es gibt zwei Probleme mit der Leichten Sprache:

- Texte in Leichter Sprache können nicht vollständig von den Verfassern selbst angefertigt werden. Sie müssen von Personen aus der Zielgruppe überprüft werden. Das kostet Zeit und Geld. Beides ist nicht immer vorhanden.
- Es müssen Informationen weggelassen werden. Theoretisch können auch in der Leichten Sprache alle Informationen vermittelt werden. Die Texte würden aber so umfangreich, dass sie wiederum nicht verständlich wären. Die Fähigkeit lernbehinderter Menschen, lange Texte zu lesen und zu verstehen ist begrenzt.

Außerdem fühlen sich manche Leser abgestempelt, wenn sie Texte in Leichter Sprache lesen sollen. Sie halten Leichte Sprache für Kindersprache.

Die einfache Sprache soll die Leichte Sprache nicht ersetzen. Sie schließt eine Lücke. Sie spricht die Menschen an, die Probleme mit der Alltagssprache haben, aber von der Leichten Sprache nicht ausreichend informiert werden.

2.3 Vorteile und Grenzen der einfachen Sprache

Die einfache Sprache hat für Leser und Verfasser viele Vorteile. Sie hat aber auch Grenzen, die ich nicht verschweigen möchte.

Die einfache Sprache ist einfach zu erlernen. Sie entspricht tatsächlich gutem journalistischem Handwerk. Online- und Radio-Redakteuren werden viele der Leitlinien vertraut sein.

Die einfache Sprache ist flexibel. In vielen Situationen lässt sie sich nicht nach Lehrbuch umsetzen. E-Mails oder Behörden-Briefe müssen oft bestimmten Regeln entsprechen. Diese Regeln sind mit der Leichten Sprache nicht immer umsetzbar.

Die einfache Sprache ist nicht stigmatisierend. Ihre Leser werden vielleicht merken, dass Ihre Texte verständlicher sind. Es wird den Lesern aber nicht so stark auffallen wie bei Leichter Sprache.

Im Folgenden möchte ich auf einige Probleme eingehen, die mit der einfachen Sprache verbunden sind.

Die Zielgruppen der einfachen Sprache sind zumeist Wenig-Leser. Sie haben Probleme mit zu langen Texten. Es kann aber passieren, dass ein Text in einfacher Sprache länger wird als das komplizierte Gegenstück. Das geschieht etwa wenn Sie Begriffe verwenden, die erklärt werden müssen. Wir müssen also einen sinnvollen Kompromiss aus Länge und Komplexität finden.

Es ist in der einfachen Sprache nicht sinnvoll, mit der Sprache zu spielen: Anspielungen und Nuancen machen die Sprache kompliziert. Das Weglassen solcher Sprach-Spielereien hat aber auch einen Vorteil: Es werden Missverständnisse vermieden. Die einfache Sprache ist eindeutig und lässt wenig Spielraum für Interpretationen.

Es können unterhaltsame Elemente wegfallen. Die einfache Sprache verzichtet auf überflüssige Informationen. Dazu gehören zum Beispiel Anekdoten, Exkurse und Ähnliches. In der einfachen Sprache konzentrieren wir uns auf die Information, die wir vermitteln wollen.

In der einfachen Sprache hat der Inhalt absoluten Vorrang. Der Stil spielt eine untergeordnete Rolle. Sie haben in der Schule gelernt, dass Sie nicht zwei Mal hintereinander das gleiche Wort verwenden sollen. In der einfachen Sprache gilt diese Regel nicht. Wenn Ihnen der sprachliche Stil wichtiger als der Inhalt ist, werden Sie sich mit der einfachen Sprache nur schwer anfreunden können. Das heißt nicht, dass die einfache Sprache sprachlich unattraktiv ist. Der Stil hat aber keine Priorität.

2.4 Warum schreiben wir kompliziert?

Es gibt viele Gründe dafür, dass wir kompliziert schreiben. Wenn wir uns dieser Motive bewusst werden, können wir sie auch hinterfragen.

Manchmal wollen wir uns mit Fachleuten austauschen. Wir schreiben für Fachportale oder wissenschaftliche Zeitschriften. Von der wissenschaftlichen Community wird erwartet, dass wir die üblichen Fachbegriffe benutzen.

Ähnlich sieht es innerhalb von Behörden und anderen Organisationen aus. Dort hat sich über Jahrzehnte eine eigene Sprache etabliert. Diese Sprache müssen alle Kollegen beherrschen und sprechen, um dort arbeiten zu können. Auch Fachabteilungen wie Marketing, PR oder Personal haben ihre eigene Sprache. Sie ist für Personen aus anderen Abteilungen oft unverständlich. Die Sprache schafft dadurch auch eine Barriere. Die Kollegen müssen sie sprechen und verstehen, um dazu zu gehören.

Wir schreiben auch kompliziert, um uns vom Leser zu distanzieren. Gerade wenn wir in der Beratung arbeiten, möchten wir die Klienten und ihre Probleme nicht zu nah an uns heranlassen.

Dazu kommt, dass die direkte Ansprache oft unhöflich wirkt. Wir dürfen den Klienten nicht auffordern, etwas Bestimmtes zu tun, weil das bevormundend wirkt. Auch Höflichkeit macht die Sprache kompliziert.

Ein weiterer wichtiger Grund ist, dass wir uns nicht festlegen wollen. Wir bleiben absichtlich wage. Das wird zum Beispiel bei Politikern häufig kritisiert. Ein Stück weit ist das nachvollziehbar. Heute löst jede unbedachte Aussage innerhalb von Sekunden eine Empörungswelle in den sozialen Medien aus.

Das Kernproblem ist aber, dass die Verfasser sich nicht auf ihre Zielgruppe einstellen. Sie haben einen bestimmten Schreibstil herausgebildet, den sie konsequent beibehalten.

Es spielt für sie keine Rolle, ob sie für Experten oder für Schüler der 5. Klasse schreiben.

Journalisten, Mitarbeiter in Behörden und andere Verfasser haben eine sprachlich anspruchsvolle Ausbildung oder ein Studium abgeschlossen. Ihre Arbeit besteht darin, komplizierte Texte zu lesen und zu verstehen. Die meisten Leser sind in einer anderen Situation. Sie haben vielleicht seit der Schule oder Ausbildung kein Buch mehr aufgeschlagen. Sie haben nicht gelernt, sich Informationen systematisch zu erschließen. Sie wissen nicht, wie sie selbständig Informationen recherchieren können. Sie wissen nicht, wie sie Richtiges von Falschem und Wichtiges von Unwichtigem unterscheiden können.

2.5 Die Zielgruppe der einfachen Sprache

Die einfache Sprache erleichtert allen Lesern das Verstehen von Texten. Für viele Menschen ist sie aber besonders wichtig.

Die größte Zielgruppe für einfache Texte sind Menschen mit Leseproblemen. Ihre Lese- und Schreibfähigkeiten sind sehr unterschiedlich ausgeprägt.

- 4,4 Prozent der Deutschen können Wörter, aber keine Sätze lesen.
- 10 Prozent können kurze Sätze lesen, scheitern aber an längeren Texten.
- Weitere rund 26 Prozent können zwar lesen und schreiben. Sie haben aber große Probleme dabei, komplexere Texte zu verstehen.

Diese Zahlen stammen aus der Level-One-Studie der Uni Hamburg aus dem Jahr 2012. Sie beziehen sich nur auf Erwachsene im Alter zwischen 18 und 65. Zusammengefasst haben demnach rund 20 Millionen Deutsche Probleme beim

Lesen und Verstehen von Texten.

Die ersten beiden Gruppen werden als funktionale Analphabeten bezeichnet. Diese Gruppen werden mit der einfachen Sprache nur eingeschränkt erreicht. Ihre Lesefähigkeiten sind so schlecht, dass sie auch mit einfachen Texten überfordert sind. Für die 26 Prozent mit eingeschränkten Lesefähigkeiten ist die einfache Sprache optimal.

Hinzu kommt eine große Gruppe von Menschen, die weder beruflich noch privat viel lesen. Sie lesen nur, wenn es sein muss. Das reduziert ihre Fähigkeit, komplexe Texte zu verstehen. Sie brauchen so viel Energie für den physischen Vorgang des Lesens, dass sie den Inhalt nicht verstehen. Im Abschnitt „Lesen und Verstehen" gehe ich genauer auf dieses Thema ein.

Sehbehinderte Menschen stehen aus anderen Gründen vor ähnlichen Problemen. Sie lesen so langsam, dass sie den Inhalt des Textes vergessen. Die konkreten Probleme hängen von der jeweiligen Augenerkrankung ab. Sehbehinderte haben aber häufig Probleme mit zu kleiner oder exotischer Schrift, Texten mit zu geringem Kontrast oder in schlechter Druckqualität.

Eine weitere Zielgruppe für einfache Texte sind lernbehinderte Menschen. Sie wurden früher als geistig Behinderte bezeichnet. Die Fähigkeiten dieser Menschen sind sehr unterschiedlich ausgeprägt. Viele lernbehinderte Menschen sind auf Leichte Sprache angewiesen. Manche Lernbehinderte sind mit komplizierten Texten überfordert, verstehen aber einfache Sprache.

Von den Lernbehinderten sind Personen mit Lern-Störungen zu unterscheiden. Zu den Lernstörungen gehören zum Beispiel Legasthenie oder Dyslexie. Die Betroffenen haben häufig Probleme dabei, Texte zu lesen und zu verstehen.

Vielen Menschen fällt es schwer, sich zu konzentrieren

oder sich Informationen einzuprägen. Gerade bei komplizierten oder längeren Texten sind diese Fähigkeiten besonders wichtig. Zu dieser Gruppe gehören Menschen mit Demenz oder Aufmerksamkeits-Störungen. Wenn Sie nicht mehr wissen, was am Anfang des Textes stand, werden Sie auch den Rest nicht mehr verstehen.

Lernstörungen, Sehbehinderungen oder Demenz werden oft spät oder gar nicht erkannt. Die Betroffenen merken nur, dass ihnen das Lesen und Verstehen schwer fällt und gehen Situationen aus dem Weg, in denen sie lesen müssten.

Viel-Leser und andere Text-Profis sind eine absolute Minderheit. Die Mehrheit unserer Leserschaft hat manchmal und manche haben immer Probleme, unsere Texte zu verstehen.

2.6 Lesen und Verstehen

Lesen ist ein komplexer Prozess. Es geht nicht nur darum, einzelne Zeichen zu erfassen und zu Worten zusammenzusetzen. Wir müssen mindestens 150 Wörter pro Minute lesen können, um flüssig lesen und den Inhalt verstehen zu können. Versuchen Sie einmal, einen Text Buchstabe für Buchstabe zu lesen. Sie werden schnell merken, dass das sehr lange dauert und Sie Probleme haben, den Text zu verstehen.

Erfahrene Leser können 3 bis fünf Zeichen auf einen Blick erfassen. Dadurch können sie einzelne Wörter sehr schnell erfassen. Schnell-Leser erfassen auf einen Blick häufig vorkommende Wortgruppen. Die Floskel „Das ist in Ordnung" können sie zum Beispiel schneller erfassen als „in Ordnung ist das".

Aus Wörtern werden Sätze, aus Sätzen Absätze und aus Absätzen werden Texte. Leser können an jeder dieser Informationseinheiten scheitern.

Lesen und Verstehen sind zwei sehr unterschiedliche Aufgaben. Sie können jeden Text lesen, der in unserem Alphabet geschrieben wurde. Dazu müssen Sie nicht die Sprache des Textes sprechen. Aber dass Sie den Text lesen können heißt nicht, dass Sie dessen Inhalt verstehen.

Ist es schon einmal passiert, dass Sie einen Text zwar gelesen haben, aber hinterher nicht mehr wussten, worum es ging? Waren Sie müde, gestresst oder abgelenkt? So ähnlich geht es Menschen mit geringer Lese-Erfahrung. Es reicht eben nicht, Buchstaben aneinander zu reihen.

Ob Sie einen Text verstehen können, hängt von vielen Faktoren ab. Zunächst einmal müssen Sie die Sprache verstehen, in welcher der Text geschrieben wurde. Wenn Sie eine Sprache nicht gut beherrschen, werden Sie ihn auch langsamer lesen als einen Text in Ihrer Muttersprache.

Für Viel-Leser ist der Prozess des Lesens und Verstehens eine Einheit. Für Wenig-Leser zerfällt der Prozess in zwei Schritte. Sie setzen einen Großteil ihrer Energie dafür ein, den Text zu entziffern. Ihnen bleibt entsprechend weniger Energie, den Text zu verstehen. Viel-Lesern fällt es auch leichter, aus einem Text Schlüssel-Informationen zu filtern. Sie haben gelernt, während des Lesens Wichtiges von Unwichtigem zu unterscheiden und während des Lesens Zusammenhänge zu erfassen. Wenig-Lesern fällt das schwer, weil ihnen die Routine fehlt.

Eine Schlüsselfähigkeit zum Verstehen ist das Gedächtnis. Ein Text ist meistens eine Verkettung verschiedener Informationen. Die Aussage des Textes wird nur verstanden, wenn der Leser sich die wichtigsten Informationen merken und sie in einen Zusammenhang stellen kann. Wenig-Lesern fällt das schwer, weil sie wie erwähnt mehr Energie auf das Entziffern aufwenden und dadurch weniger Energie für das Verstehen und einprägen haben.

Die Folgen des Nicht-Verstehens können sehr negativ sein.

- Es entstehen Missverständnisse. Patienten zum Beispiel verstehen nicht, welche Hinweise ihnen der Arzt gibt und verhalten sich falsch.
- Auch in der Wirtschaft entstehen Schäden: Würden Sie in ein Finanzprodukt investieren, das Sie nicht verstehen? Deshalb bleiben viele Menschen bei einfachen Sparkonten, statt vielleicht in gewinnbringendere Produkte zu investieren.

2.7 Muss ich alle Texte in einfacher Sprache schreiben?

In vielen Berufen gehört die Fachsprache dazu. In wissenschaftlichen Zeitschriften werden Sie selten einfache Sprache finden. Das ist in Ordnung, denn diese Zeitschriften werden nur von Fachleuten gelesen. Die Fachsprache wird auch erwartet, damit andere Fachleute die Texte ernst nehmen. Einfach zu schreiben ist gerade unter deutschen Wissenschaftlern nicht angesehen.

Die erste Frage ist stets: Wer ist meine Zielgruppe? Orientieren Sie sich am Sprachniveau der Personen, die Ihren Text verstehen sollen.

Sie können auch mehrere Versionen Ihres Textes schreiben: eine Version für Fachleute, eine weitere Version für allgemeine Leser. Das erhöht aber Ihren Arbeitsaufwand, wenn Sie den Text später überarbeiten müssen.

2.8 Die Sprache des Lesers

Welche Sprache spricht unser Leser? Die Frage ist nicht ganz einfach zu beantworten. Es geht zunächst darum, zwei Aspekte zu unterscheiden:

- Der aktive Wortschatz besteht aus den Wörtern, die wir regelmäßig verwenden.
- Der passive Wortschatz ist viel größer. Er besteht aus Wörtern, die wir verstehen, aber nicht selbst verwenden. Viele Jugendliche sprechen untereinander in ihrer eigenen Sprache. Dennoch verstehen sie uns meistens, wenn wir mit ihnen sprechen.

Um einfach zu schreiben müssen wir ein Gefühl dafür entwickeln, welche Sprache unsere Leser verstehen.

Eine Orientierungshilfe bietet der Wortschatz B 1 des Goethe-Instituts. Er erfasst die Wörter, die Menschen kennen sollten, welche die deutsche Sprache lernen.

Sie können außerdem populäre Zeitungen oder Magazine lesen. Sie müssen sich nicht mit den Inhalten dieser Publikationen anfreunden. Es geht nur darum, ein Gefühl für das richtige Sprachniveau zu gewinnen. Es wird schon seinen Grund haben, warum sich diese Publikationen so gut verkaufen.

Wir müssen nicht so schreiben, wie unsere Leser sprechen. Wir müssen auch nicht so schreiben, wie unsere Leser schreiben. Wir müssen so schreiben, dass unsere Leser uns verstehen.

2.9 Gesetzliche Situation der einfachen Sprache?

Aktuell gibt es keine Gesetze oder Verordnungen, die zu einer einfachen Sprache verpflichten.

Die Barrierefreie-Informationstechnik-Verordnung 2.0 ist seit 2011 gültig. Sie besagt, dass die Sprache verwendet werden soll, die am besten verständlich ist. Das ist sehr schwammig formuliert und hat daher kaum gesetzliche Wirkung.

Seit 2016 ist die Leichte Sprache im Behinderten-Gleichstellungsgesetz verankert. Die einfache Sprache wird in diesem Gesetz nicht erwähnt.

Seit mehr als 20 Jahren bemüht sich die deutsche Verwaltung, bürgerfreundlicher zu werden. Ein Ziel ist dabei, die Kommunikation verständlicher zu gestalten. Das Projekt nennt sich bürgernahe Verwaltungssprache. Es handelt sich dabei um eine freiwillige Selbstverpflichtung.

In anderen Ländern sieht es schon besser aus: Präsident Obama hat in den USA bereits 2010 den Plain Writing Act erlassen. Das Gesetz verpflichtet die Regierung ihre für die Öffentlichkeit bestimmten Dokumente in einer klaren und verständlichen Sprache abzufassen. Basis dafür sind die Federal Plain Language Guidelines.

3. Teil II: Die Leitlinien für einfache Sprache

Bei der Leichten Sprache gibt es den Zusammenschluss Netzwerk Leichte Sprache. Er hat ein Regelwerk formuliert und bietet ein Signet für Texte in Leichter Sprache.
  Das alles finden wir in der einfachen Sprache nicht. In Deutschland hat die einfache Sprache noch keine lange Tradition. In den USA wird das Thema unter dem Begriff Plain Language schon wesentlich länger diskutiert. Die Leitlinien in dieser Broschüre basieren im Wesentlichen auf dem Konzept der Plain Language.
  Die Überschrift ist eine kurze Zusammenfassung der einzelnen Leitlinie. Wo es mir passend schien, habe ich negative und positive Beispiele eingebaut.

3.1 Die Ebene der Wörter

Wörter sind die kleinsten Informationseinheiten der Sprache. Schon an dieser Ebene kann das Verstehen scheitern.

Vermeiden Sie unbekannte Wörter

Das Verstehen scheitert häufig daran, dass wir einzelne Worte nicht kennen. Verwenden Sie daher immer Wörter, die dem Leser bekannt sind. Eine Hilfe dabei ist der Wortschatz B 1 des Goethe-Instituts. Diesen können Sie kostenlos als PDF-Dokument herunterladen. Einen Link finden Sie im Abschnitt „Weiterführendes".
  Ein weiterer Vorteil bekannter Wörter ist, dass sie schneller gelesen werden können als unbekannte Wörter.

Negativ
Kompetenz

Positiv
Fähigkeit

Erklären Sie unbekannte Wörter

Manchmal müssen Sie ein bestimmtes Wort verwenden, dass der Leser wahrscheinlich nicht kennt. Erklären Sie das Wort dann wenn Sie es das erste Mal verwenden.

Negativ
Arbeitslose können Anspruch auf Arbeitslosengeld II haben.

Positiv
Arbeitslose können Anspruch auf Arbeitslosengeld II haben. Arbeitslosengeld II wird im Volksmund oft als Hartz IV bezeichnet.

Ziehen Sie Verben vor und vermeiden Sie Substantivierungen

Verben lassen unsere Sätze aktiver klingen. Neben dem Substantiv ist das Verb oft der entscheidende Faktor dafür, ob unser Satz verstanden wird oder nicht.

Negativ
Der Einsatz von Verben ist erwünscht.

Positiv
Ziehen Sie Verben vor.
Substantivierungen sind Verben, die zu Substantiven gemacht wurden. Sie erkennen das meistens an den Wortendungen -ung -heit oder -keit.

> *Negativ*
> Verwendung, Vermeidung, Verhaftung, Versendung
>
> *Positiv*
> verwenden, vermeiden, verhaften, versenden

Vermeiden Sie gehäufte Substantive

Wenn ein Satz viele Substantive enthält, sprechen wir von Nominalstil. Weil das Verb untergeht, stehen die Substantive oft zusammenhanglos nebeneinander. Der Leser muss herausfinden, welches Verb zu welchem Substantiv gehört.

> *Negativ*
> Das Ziel ist die Optimierung des Corporate Design auf Verständlichkeit und Lesbarkeit.
>
> *Positiv*
> Wir möchten das Corporate Design so optimieren, dass unsere Inhalte gut lesbar und verständlich sind.

Vermeiden Sie Adjektive

Die meisten Adjektive können Sie weglassen. Sie machen die Sätze selten verständlicher. Außerdem enthalten Adjektive häufig eine Wertung, die der Leser vielleicht nicht teilt. Entscheidend ist aber, dass Adjektive die Sätze oft unnötig aufblähen.

> *Negativ*
> Morgen wird das Wetter schlecht. Es sind für den ganzen Tag Schauer angekündigt.
>
> *Positiv*
> Morgen sind für den ganzen Tag Schauer angekündigt.

Vermeiden Sie Abkürzungen

Abkürzungen sind meistens überflüssig. Gängige Abkürzungen wie z.B. oder usw. sind unproblematisch. Eine Abkürzung wie „§ 2 Abs. 3 SGB IX " muss vom Leser erst einmal entschlüsselt werden. Er ahnt vielleicht, dass es sich um eine Vorschrift handelt, aber mehr weiß er nicht.

Vermeiden Sie Synonyme

Ein Synonym ist ein Begriff, der das Gleiche sagen soll wie ein anderer Begriff. Sie werden verwendet, um nicht immer den gleichen Begriff zu wiederholen. Anstelle von Köln können Sie zum Beispiel „die Rheinmetropole" oder „die Domstadt" schreiben. Nicht jeder Leser weiß allerdings, dass jedes Mal das Gleiche gemeint ist. Immerhin kann es auch sein, dass sie zwei Städte erwähnt haben und der Leser nicht weiß, ob die andere Stadt am Rhein liegt.

> *Negativ*
> Köln ist die größte Stadt in NRW. Die Domstadt konkurriert mit der Landeshauptstadt Düsseldorf.
>
> *Positiv*
> Köln ist die größte Stadt in NRW. Köln konkurriert mit der Landeshauptstadt Düsseldorf.

Vermeiden Sie zusammengesetzte Wörter

Die deutsche Sprache begünstigt das Bilden neuer Wörter, weil die Wörter sehr frei kombiniert werden können. Diese zusammengesetzten Wörter kennen Sie als Komposita. Es werden bekannte Wörter frei kombiniert. Und schon haben wir neue Wörter wie den Hausmeisterversicherungsdienstangestellten.

Für Wenig-Leser ist so ein Wort eine große Herausforderung. Dabei kennen sie Hausmeister, Versicherungsdienst und Angestellter. Doch bis sie zum Ende des Wortes gekommen sind, haben sie den Anfang vergessen. Vielleicht haben sie sogar vergessen, wie der Satz angefangen hat, weil sie damit beschäftigt waren, dieses Wort zu entziffern. Für Wenig-Leser ist es einfacher, solche Wörter Stück für Stück zu erschließen.

Überlegen Sie zunächst, ob Sie das Wort überhaupt brauchen. Wenn Sie es brauchen, schreiben Sie es mit Bindestrichen:

> **Negativ**
> Hausmeistervesicherungsdienstangestellter
>
> **Positiv**
> Hausmeister-Versicherungsdienst-Angestellter
> Besser ist der Angestellte des Hausmeister-Versicherungsdienstes. Er ist wahrscheinlich der Gegenstand des Satzes.

Vermeiden Sie Füllwörter

Füllwörter sind zum Beispiel: Nun, wahrscheinlich, vielleicht, aber, auch, möglicherweise, ja, eigentlich ... Wir nennen diese Wörter Füllwörter, wenn sie den Satz nicht verständlicher machen. Wir verwenden solche Begriffe häufig unbewusst oder weil wir uns nicht festlegen wollen.

> **Negativ**
> Eigentlich geht es darum, dass es vielleicht besser wäre, wenn wir alle einfacher schreiben würden.
>
> **Positiv**
> Es wäre besser, wenn wir alle einfacher schreiben.

Nicht alle Füllwörter müssen gestrichen werden. Manchmal sind sie auch notwendig. Sie erleichtern es, Sätze miteinander zu verbinden und so einen roten Faden im Text zu schaffen. Ob ein Wort ein Füllwort ist, hängt also vom konkreten Zusammenhang ab.

Vermeiden Sie Silbentrennung

Das Trennen von Wörtern am Ende einer Zeile fordert den Leser zusätzlich. Er muss sich eine Silbe merken, den Anfang der nächsten Zeile finden, den Rest des Wortes lesen und die beiden Worte zusammenfügen. Das ist vor allem bei längeren Wörtern schwierig.

Wenn Sie trennen müssen, nutzen Sie die automatische Silbentrennung Ihrer Textverarbeitung. Die Vorlese-Software von Blinden zerhackt ansonsten die Wörter. Bei „tren-nen" liest sie zum Beispiel „tren nen" als zwei Wörter oder „tren Bindestrich nen".

Bieten Sie ein Wörterbuch an

Für umfangreiche Publikationen und Webseiten können Sie ein Wörterbuch anbieten. Im Wörterbuch werden dem Leser komplizierte Begriffe erklärt, die auf der Website oder in der Broschüre verwendet wurden.

Die im Wörterbuch erklärten Wörter sollten gekennzeichnet sein. Das geschieht meistens mit einem vorangestellten Symbol, zum Beispiel mit einem nach rechts zeigenden Pfeil. Auf der Website werden die im Wörterbuch erklärten Wörter verlinkt.

3.2 Sätze und Formulierungen

Das Lesen und Verstehen der Wörter ist wichtig. entscheidend ist aber die Ebene der Formulierungen. An dieser Stelle finden wir die häufigste Ursache dafür, dass ein Text nicht verstanden wird.

Seien Sie präzise

Vor allem Behörden-Mitarbeiter neigen dazu, sich eher wage zu äußern, obwohl sie präzise sein könnten. Ein KFZ zum Beispiel kann alles Mögliche sein. In den meisten Fällen ist aber ein Auto gemeint.

> *Negativ*
> Bitte geben Sie Ihr amtliches Kennzeichen an.
>
> *Positiv*
> Bitte tragen Sie Ihr Nummernschild ein.

Machen Sie nur eine Aussage pro Satz

Ein Satz sollte nur eine Aussage enthalten. Sätze wie den folgenden liest man häufig in Nachrufen:
 Der 1950 in München geborene Max Müller hat 40 Jahre lang als Schreiner in Nürnberg gearbeitet.
 Der Satz enthält zwei Aussagen: den Geburtsort und den Beruf. Besser funktionier das so:
 Hans Müller wurde 1950 in München geboren. Er hat 40 Jahre lang als Schreiner in Nürnberg gearbeitet.

Verwenden Sie höchstens 14 Wörter pro Satz

Ein Satz sollte höchstens 14 Wörter enthalten. Längere Sätze enthalten entweder mehr als eine Aussage. Oder sie sind zu kompliziert.

In der einfachen Sprache müssen die Sätze nicht kurz sein. Das Aneinanderreihen kurzer Sätze wirkt unprofessionell und trägt auch nicht zur Verständlichkeit bei.

Es reicht auch nicht, einen langen Satz in zwei Sätze aufzuteilen. Damit sind die Leitlinien der einfachen Sprache nur unzureichend erfüllt.

Halten Sie Substantiv und Verb zusammen

Jeder Satz besteht aus den drei Bestandteilen Substantiv – Prädikat – Objekt. Das Substantiv handelt, das Prädikat besagt, was es tut, das Objekt ist das, was behandelt wird. Im Deutschen neigen wir dazu, Substantiv und Verb zu trennen. Oft steht das Verb am Ende des Satzes. Der Leser muss den Satz zu Ende lesen, um zu verstehen, worum es geht. Versuchen Sie deshalb, Substantiv und Prädikat möglichst zusammen stehen zu lassen.

> *Negativ*
> Der Vogel ist aus dem Nest gefallen.
>
> *Positiv*
> Der Vogel fiel aus dem Nest.

Verzichten Sie auf Rückbezüge

Ein Text sollte so gestaltet sein, dass der Leser nicht zurücklesen muss. Verzichten Sie also auf Formulierungen wie „Ersteres ..., letzteres" und ähnliche Rückbezüge. Solche Formulierungen zwingen Leser mit einem schlechten

Gedächtnis nachzuschauen, was Ersteres und Letzteres war.

> **Negativ**
> Köln und Düsseldorf ziehen viele Menschen an. Erstere lockt mit einem aufregenden Nachtleben, Letztere hat eine florierende Wirtschaft.
>
> **Positiv**
> Köln und Düsseldorf ziehen viele Menschen an. Köln lockt mit einem aufregenden Nachtleben, Düsseldorf hat eine florierende Wirtschaft.

Ziehen Sie positive Aussagen vor

Eine positive Aussage ist sprachlich einfacher gestaltet als eine negative Aussage. Das gilt vor allem für doppelte Verneinungen.

> **Negativ**
> Es ist nicht verboten, sich nicht an Wahlen zu beteiligen.
>
> **Positiv**
> Sie dürfen wählen, müssen aber nicht.

Diese Leitlinie muss ein wenig eingeschränkt werden. Generell ist die Frage, ob die Zahl der positiven Elemente größer ist als die Zahl der negativen Elemente.

- Wenn mehr erlaubt als verboten ist, sollten Sie die Verbote aufzählen.
- Ist mehr verboten als erlaubt, sollten Sie die erlaubten Handlungen aufzählen.

Das gilt natürlich nur, wenn die alte Faustregel zutrifft: Alles, was nicht erlaubt ist, ist verboten. Alles, was nicht verboten ist, ist erlaubt.

> **Negativ**
> Sie dürfen auf dem Balkon, im Hausflur, in den Wasch- und Kellerräumen nicht rauchen.
>
> **Positiv**
> Sie dürfen nur in Ihrer Wohnung rauchen. In allen anderen Bereichen ist das Rauchen verboten.

Nennen Sie zunächst die Regel und dann die Ausnahme

Briefe von Behörden werden häufig nicht verstanden, weil die Aussagen nicht sauber getrennt werden. Es wird zum Beispiel eine Regel erklärt und im gleichen Satz werden die Ausnahmen genannt. Eine Regel dürfte aber in den meisten Fällen zutreffen, ansonsten wäre es keine Regel.

Der Leser kann schnell feststellen, ob die Regel auf ihn zutrifft oder nicht. Er liest sich dann die Ausnahmen durch und kann feststellen, ob sie auf ihn zutreffen oder nicht.

> **Negativ**
> Außer an Feiertagen, am Wochenende und zwischen 22 und 8 Uhr darf an dieser Stelle geparkt werden.
>
> **Positiv**
> Von Montag bis Freitag darf hier von 8 Uhr bis 22 Uhr geparkt werden. Verboten ist das Parken zwischen 22 Uhr und 8 Uhr sowie am Wochenende und an Feiertagen.

Schreiben Sie aktiv

Das Passiv macht die Sätze länger und komplizierter. Die Verfasser setzen gerne das Passiv ein, um Zuständigkeiten zu verschleiern.

> **Negativ**
> Sobald der Antrag eingetroffen ist, wird ein Bestätigungsschreiben versendet.
>
> **Positiv**
> Ich werde Ihnen schriftlich bestätigen, dass Ihr Antrag eingetroffen ist.

Verwenden Sie eine persönliche Ansprache

Wenn Sie die persönliche Ansprache vermeiden, geraten sie ins Passiv. Auch deswegen schreibe ich in dieser Broschüre „ich" und „Sie". Ich spreche Sie persönlich an, obwohl das in solchen Broschüren selten gemacht wird. Ich mache das, weil alles andere den Text unnötig verkomplizieren würde.

> **Negativ**
> Das Wegwerfen von Zigarettenstummeln soll vermieden werden.
>
> **Positiv**
> Werfen Sie keine Zigarettenstummel weg.

Vermeiden Sie Zwischensätze und Nebensätze

Zwischensätze stören den Lesefluss. Angehängte Nebensätze sind häufig überflüssig. Entweder ist die Information unwichtig, dann lassen Sie sie weg. Oder die Information ist wichtig, dann hat sie einen eigenen Satz verdient.

> **Negativ**
> Der Afroamerikaner Martin Luther King, er wurde 1965 ermordet, war einer der wichtigsten Vorkämpfer für die Bürgerrechte der Schwarzen in den USA.

> **Positiv**
> Der Afroamerikaner Martin Luther King war einer der wichtigsten Vorkämpfer für die Bürgerrechte der Schwarzen in den USA. Er wurde 1965 ermordet.

Verwenden Sie einfache Aussage-Formen

Viele Aussagen werden im Fließtext verschleiert. Es ist aber sinnvoll, bekannte Sprachformeln zu verwenden. Wir verstehen solche Aussagen leichter, weil uns die Sprach-Formen vertraut sind.
Zu diesen Formen gehören zum Beispiel:

- Wenn ..., dann...
- Je..., desto...
- Hiermit teile ich Ihnen mit, dass ...

> **Negativ**
> Der Antrag sollte bis zum 31.10.2016 bei uns eintreffen, damit er noch im Jahr 2016 bearbeitet werden kann.
>
> **Positiv**
> Wenn Sie den Antrag bis zum 31.10.2016 stellen, dann werden wir ihn noch im Jahr 2016 bearbeiten.

Verwenden Sie lebensnahe Beispiele

Manchmal müssen Sie über Dinge schreiben, die sich schlecht beschreiben lassen. Verwenden Sie in diesem Fall Beispiele. Die Beispiele sollten anschaulich sein. Der Leser sollte sich vorstellen können, was Sie meinen. Überlegen Sie etwa, welche Fragen sich der Leser stellt, wenn Ihr Angebot für ihn interessant ist.

> *Negativ*
> In unserer neuen Broschüre geht es um das Thema Suchtprävention.
>
> *Positiv*
> Warum werden Menschen süchtig. Und wie kann Sucht verhindert werden? Das sind die Themen unserer neuen Broschüre.

3.3 Interpunktion und Formatierung

Neben dem eigentlichen Inhalt ist auch die Gestaltung der Texte wichtig.

Formatieren Sie den Text leserfreundlich

Für Wenig-Leser sind gleichförmige Textwüsten besonders abschreckend. Textformatierungen haben drei wichtige Vorteile:

- Sie lockern den Text visuell auf
- Sie erleichtern das Erfassen des Inhalts. Eine visuell erkennbare Aufzählung ist leichter lesbar als eine Aufzählung in einem Fließtext.
- Sie erleichtern das Erkennen der Textstruktur. Durch das Überfliegen von Zwischenüberschriften erhält der Leser bereits grundlegende Informationen.

Die häufigsten Formatierungen sind Absätze. Ein Absatz besteht aus zwei oder mehr Sätzen und erfasst ein einzelnes Unterthema oder einen Gedankengang.

Daneben sind Zwischenüberschriften sehr wichtig. Sie gliedern lange Texte auf und helfen dabei, den folgenden Abschnitt zu verstehen und den Text zu überfliegen.

Weitere wichtige Elemente sind Aufzählungen oder

Zitatblöcke. Außerdem können Tabellen, Bilder oder Visualisierungen dafür sorgen, dass der Text weiter aufgelockert wird.

Verwenden Sie möglichst nur zwei Satzzeichen pro Satz

Ein Satz endet mit einem Punkt oder Fragezeichen. Daneben benötigen Sie oft ein Komma. Weitere Satzzeichen sollten nur ausnahmsweise eingesetzt werden.

Kommata können eingesetzt werden, wo es sinnvoll ist. Ein Komma lässt den Leser kurz inne halten, um sich den ersten Teil des Satzes einzuprägen. Wenn Sie Kommata generell vermeiden, werden längere Sätze sehr kompliziert. Auf weitere Satzzeichen wie Anführungszeichen, Bindestriche und exotischere Zeichen wie Emoticons sollten Sie möglichst verzichten. Oftmals wird nicht verstanden, was Sie mit dem Zeichen eigentlich sagen möchten. Wollen Sie mit dem Smiley mitteilen, dass Sie guter Stimmung sind? War die Aussage in Anführungszeichen ein Zitat oder ironisch gemeint? Kündigt der Bindestrich einen Zwischensatz an, dessen Inhalt nicht so wichtig ist?

> **Negativ**
> Ich verstehe nicht, was du meinst:-)
>
> **Positiv**
> Ich verstehe nicht, was du meinst. Kleiner Scherz von mir :-)

Verwenden Sie Hervorhebungen sparsam

Es gibt verschiedene Möglichkeiten, einzelne Textstellen hervorzuheben.

- Anführungszeichen

- Fettung
- Kursiv-Stellung
- farbiger Text
- Unterstreichung
- Hervorhebungen sind aus zwei Gründen selten sinnvoll.
- Der Leser versteht nicht, warum etwas hervorgehoben wird.
- Spezielle Formatierungen wie kursiv oder fett verschlechtern oft die Lesbarkeit.

Im Journalismus werden nur Eigennamen und Zitate hervorgehoben.

Wählen Sie eine gut lesbare Schriftart und Schriftgröße

Generell sind serifenfreie Schriften Vorzuziehen. Serifen sind die kleinen Fortsätze an den Buchstaben, die Sie zum Beispiel bei der Times New Roman finden. Serifenschriften sind verschnörkelter und die Buchstaben sind meistens dünner. Serifenfreie Schriften wie Arial sind zumeist besser lesbar.

Müssen Sie eine Serifenschrift einsetzen, verwenden Sie einen etwas höheren Schriftgrad. Die Lesbarkeit der Serifenschriften ist für ungeübte Leser sehr unterschiedlich. Je verschnörkelter eine Schriftart ist, desto schlechter ist sie lesbar. Die Georgia ist zum Beispiel besser lesbar als die Times New Roman.

Auch zu großer Text macht den Text schlecht lesbar. Wie erwähnt erfasst das menschliche Auge drei bis fünf Zeichen gleichzeitig. Ist die Schrift zu groß, wird das deutlich schwieriger. Für viele Sehbehinderte ist es ebenfalls schwierig, zu große Buchstaben zu lesen.

Richten Sie den Text linksbündig aus
Linksbündiger Text ist am besten zu lesen. Die linke Seite des Textes bildet eine wichtige Orientierungslinie. Die

ungleichen Zeilenlängen auf der rechten Seite erleichtern die visuelle Orientierung. Der Leser erkennt diese Formationen leichter als wenn er jeden Absatz anlesen muss.

Hängende Absätze können ebenfalls hilfreich sein. Bei diesen Absätzen wird die erste Zeile leicht eingerückt. Die Einrückung erleichtert das Finden von Absätzen, weil sich das Auge an der linken Textseite orientieren kann.
Der Blocksatz hat zwei Nachteile:

- Er verschlechtert die Orientierung im Text, weil die Zeilen links und rechts gleichmäßig abschließen.
- Er verschlechtert die Lesbarkeit, weil die Lücken zwischen den Worten unterschiedlich groß sind.

Vermeiden Sie zentrierten Text. Der Leser ist damit beschäftigt, den Anfang der Zeile zu finden.

Auch rechtsbündiger Text ist nicht sinnvoll. Auge und Gehirn müssen viel Zeit aufwenden, um den Beginn der nächsten Zeile zu finden.

3.4 Strukturierung von Informationen

Texte sollen inhaltlich verständlich sein und sie sollen gut lesbar sein. Ebenso wichtig ist aber auch, dass die Informationen sinnvoll strukturiert sind.

Ordnen Sie die Informationen sinnvoll

Informationen können schon innerhalb eines Satzes so angeordnet werden, dass sie besser aufnehmbar sind.

> ***Negativ***
> Ich habe auf dem Campingplatz meinen Schlüssel verloren.

> *Positiv*
> Ich verlor meinen Schlüssel auf dem Campingplatz.

In diesem Beispiel gehe ich davon aus, dass der Verlust des Schlüssels die zentrale Information ist. Steht hingegen der Ort des Verlusts im Vordergrund, kann die erste Formulierung beibehalten werden.

Auch ein Absatz kann leserfreundlich aufgebaut werden: Die Kernaussage oder das Thema des Absatzes sollte aus dem ersten Satz klar werden. Der Leser kann den Absatz getrost überspringen, wenn er die Informationen bereits kennt. Verstecken Sie keine wichtigen Informationen innerhalb eines Absatzes.

Stellen Sie wichtige Informationen an den Anfang des Textes

Für Selten-Leser ist es mühsam, einen langen Text zu Ende zu lesen. Ein Text mit 3000 Zeichen ist für sie schon schwierig. Das entspricht einer Seite in Word. Versuchen Sie deshalb, alle wichtigen Informationen an den Anfang des Textes zu stellen.

Aus der Haupt-Überschrift und dem ersten Satz des Textes sollte immer klar werden, was das Kernthema des Textes ist. Der Leser sollte in keinem Fall auf eine falsche Fährte geführt werden. Wenn er glaubt, dass der Text für ihn nicht wichtig ist, wird er nicht weiterlesen.

Helfen können Ihnen dabei die W-Fragen: Wer, Was, Wann, Warum. Beantworten Sie diese Fragen am Anfang des Textes.

In einem journalistischen Bericht werden die Informationen so angeordnet, dass der Redakteur von hinten weg kürzen kann. Die wichtigsten Informationen stehen am Anfang und werden im Laufe des Textes immer unwichtiger. Journalisten nennen dieses Prinzip „umgekehrte Pyramide".

An diesem Prinzip können Sie sich orientieren.

Wiederholen Sie sich

Das Wiederholen wichtiger Informationen ist sinnvoll. Gerade bei langen oder komplizierten Texten wird sich kein Leser alles merken. Je länger oder komplizierter Ihr Text ist, desto sinnvoller sind Wiederholungen. Dafür gibt es verschiedene Möglichkeiten.

Ein Text besteht aus drei Teilen: Einleitung, Hauptteil und Schluss. In einem längeren Text teilen Sie dem Leser in der Einleitung mit, was ihn im Hauptteil erwartet. Er wird sich kognitiv auf diese Informationen einstellen und sich darauf konzentrieren.

Im Hauptteil bieten sie dem Leser die Informationen, die Sie in der Einleitung angekündigt haben. Und zum Schluss wiederholen sie die wichtigsten Informationen, die der Leser im Hauptteil erfahren hat. Alternativ können Sie auch am Schluss die wichtigen Informationen in einen großen Zusammenhang stellen. Unser Gehirn arbeitet assoziativ. Das heißt, wir können uns Zusammenhänge besser einprägen als einzelne unzusammenhängende Informationen.

Die Wiederholung kann auch auf einer anderen Ebene stattfinden. Sie können wichtige Informationen oder Termine in einem visuell abgehobenen Textkasten oder in einer Grafik zusammenfassen. Im Fließtext ziehen solche Kästen automatisch den Blick auf sich.

Außerdem können Sie Informationen anders formuliert wiederholen. Das sollten Sie nur tun, wenn die Informationen wirklich wichtig sind.

Widerspricht das nicht dem Prinzip, die Texte möglich kurz zu halten? Streng genommen ist das so. Allerdings ist Kürze auch kein Wert an sich. Sie sollten einen sinnvollen Kompromiss aus Länge und Verständlichkeit finden.

Verwenden Sie Zwischen-Überschriften

Zwischen-Überschriften haben zwei Vorteile:
- Sie gliedern den Fließtext visuell.
- Sie erleichtern das Überfliegen des Textes.

Es lassen sich drei Arten von Überschriften unterscheiden:
- Die zusammenfassende Überschrift ist eine Zusammenfassung des folgenden Abschnitts. Diese Überschriftenform habe ich für die Leitlinien zur einfachen Sprache verwendet.
- Die fragende Überschrift stellt eine Frage, die in den folgenden Absätzen beantwortet wird. Diese Überschriftenform habe ich im ersten Teil dieser Broschüre verwendet.
- Die Teaser-Überschrift soll Neugier auf den Text wecken.

Für die einfache Sprache brauchen wir nur die ersten beiden Überschriften-Formen.

Die Überschrift als Zusammenfassung hat den Vorteil, dass der Leser viele Infos erhält, ohne den ganzen Text zu lesen. Sie können sich zum Beispiel das Inhaltsverzeichnis dieses Abschnitts durchlesen und erhalten eine Kurzform der Leitlinien zum einfachen Schreiben.

Die fragende Überschrift stellt klar, welche Frage in den folgenden Absätzen beantwortet wird.

Die Teaser-Überschrift soll zum Weiterlesen anregen. Dafür werden häufig Anspielungen oder bekannte Zitate eingesetzt. Das ist sinnvoll für unterhaltsame Texte, aber in informativen Texten verzichtbar.

Nicht zu den klassischen Überschriften gehören Marginalspalten. Sie werden in Broschüren und Sachbüchern verwendet, um einzelne Textabschnitte zusammenzufassen. Auch die Marginalspalten sind vor allem für umfangreiche

Texte hilfreich. Neben den Zwischen-Überschriften bieten sie eine weitere Orientierungs- und Verständnishilfe.

Strukturieren Sie den Text logisch

Ein chaotischer Textaufbau sorgt dafür, dass der Leser Probleme dabei hat, die Texte zu verstehen. Die Logik ergibt sich aus der Sicht des Lesers. Vergessen Sie nicht, dass der Leser anders auf Ihren Text schaut als Sie.

Es gibt verschiedene Möglichkeiten, einen Text zu gliedern. Eine Methode ist die bereits erwähnte umgekehrte Pyramide. Fangen Sie mit den wichtigen Informationen an und lassen Sie die Informationen unwichtiger werden, je weiter der Text fortschreitet.

Andere Gliederungs-Möglichkeiten hängen davon ab, worüber Sie schreiben und was Sie erreichen wollen. Wenn Sie über Umweltverschmutzung schreiben, fangen Sie meistens mit einem besonderen Thema an und übertragen es auf das allgemeine Problem. Sie berichten zum Beispiel über weggeworfene Plastiktüten und anschließend über Mikroplastik im Ozean. Oder Sie machen es umgekehrt und gehen vom Allgemeinen zum Besonderen. Sie können zum Beispiel darüber berichten, dass eingeschleppte Tiere und Pflanzen viel Schaden anrichten und berichten dann über das Beispiel Australien.

Verzichten Sie auf Zwischenbemerkungen oder philosophische Gedankenspiele. Die interessieren den Leser nicht und lenken ihn von den wichtigen Informationen ab.

Springen Sie nicht von einem Thema zum Nächsten und dann wieder zurück. Wenn Sie sich auf Informationen beziehen, die Sie bereits behandelt haben, fassen Sie diese kurz zusammen. Auch wenn er es kann, wird der Leser meistens nicht zurückblättern. Dennoch sollten Sie darauf hinweisen, an welcher Stelle er die genannten

Informationen nachlesen kann. Meistens können Sie nicht alle Informationen wiederholen, die für den Leser wichtig sind.

Lassen Sie unnötige Informationen weg

Verzichten Sie auf Informationen, die im konkreten Zusammenhang nicht relevant sind. Der Leser weiß meistens nicht, welche Informationen wichtig sind. Überflüssige Informationen fordern sein Lesevermögen unnötig. Außerdem wird der Text aufgebläht.

Setzen Sie Pflicht-Informationen ans Ende

In Schreiben von Behörden müssen Sie häufig Gesetze oder andere Informationen unterbringen. Setzen Sie diese Informationen ans Ende des Schreibens. Bauen Sie die Paragraphen nicht in den normalen Fließtext ein. Der Leser wird glauben, dass er die Gesetze kennen muss, um den Text zu verstehen.

Er wird dann das Schreiben wahrscheinlich nicht zu Ende lesen. Sind diese Verweise nicht vorgeschrieben, lassen Sie sie weg.

Negativ
Einleitung des Schreibens:
Nach § 20 Abs. 1 SGB IX erteile ich Ihnen folgenden Bescheid.

Positiv
Ich erteile Ihnen folgenden Bescheid:
[Inhalt des Bescheids]
Dieser Bescheid beruht auf folgenden gesetzlichen Grundlagen.

3.5 Weitere Hinweise

Neben den Leitlinien gibt es noch weitere Möglichkeiten, Inhalte verständlicher zu gestalten oder leichter aufnehmbar zu machen.

Verwenden Sie Visualisierungen

Es gibt viele Möglichkeiten, Informationen zu visualisieren. Das beginnt bei einfachen Bildern und endet bei komplexen interaktiven Informationsgrafiken.

Viele lese-unerfahrene Menschen haben gelernt, Informationen visuell zu erfassen. Diese Kunst müssen sie beherrschen, um ihre geringe Lesefähigkeit auszugleichen.

Es ist wichtig, dass die Visualisierungen selbsterklärend sind. Visualisierungen müssen nicht schön, sondern verständlich sein. Bevorzugen Sie bekannte Formen wie Torten- oder Säulendiagramme. Verzichten Sie auf Schmuck-Elemente wie Farbverläufe oder 3D-Effekte, wenn Sie nicht zur Verständlichkeit beitragen.

Wenn Ihre Organisation häufiger Visualisierungen einsetzen, sollten Sie einen einheitlichen Stil entwickeln. Setzen Sie immer die gleichen Formen, Farben und so weiter ein. Das hat den Vorteil, dass der Nutzer auch Ihre anderen Visualisierungen schneller versteht.

Verwenden Sie einfache Tabellen

Viele Verfasser lehnen Tabellen ab. Sie gelten als zu kompliziert und auch visuell nicht attraktiv. Zahlen und Verhältnisse sind jedoch leichter aus Tabellen zu erfassen, als wenn sie im Fließtext stehen.

Wir haben täglich mit einfachen Tabellen zu tun: Stundenpläne, Speisepläne, Kalender, Busfahrpläne. Sie sind oft einfacher zu verstehen als ein beschreibender Text.

Bieten Sie Zusammenfassungen an

Informationen können in verschiedenen Formen zusammengefasst werden. Sie können zum Beispiel einen Infokasten anbieten, in welchem die wichtigsten Eckdaten dargestellt werden.

- Welche Unterlagen soll ich wann abgeben?
- Wann findet das Ereignis statt, bis wann muss ich mich anmelden und wie viel kostet es?

Wenn es um eine Folge von Ereignissen geht, können Sie diese Ereignisse auf einem Zeitstrahl zusammenfassen.

Es gibt zahlreiche Möglichkeiten der Visualisierung. Dabei müssen Sie nicht zum professionellen Zeichenprogramm greifen. Gängige Office-Pakete bieten einfache Vorlagen, die Sie verwenden können. Im Internet finden Sie unter dem Stichwort „Informationsgrafiken" zahllose Online-Tools, die Ihnen die Arbeit erleichtern können.

Gestalten Sie Ihre Inhalte einheitlich

Viele Organisationen haben ein Corporate Design. Das sind Richtlinien, wie Briefe, Broschüren und andere Materialien gestaltet sein sollen. Das Ziel ist ein einheitlicher Markenauftritt.

Der Vorteil für Ihren Nutzer ist, dass er sich bei einer einheitlichen Gestaltung schneller zurechtfindet. Sind alle Texte gleich strukturiert, wird er schneller die gesuchten Informationen finden. Ist das Layout von Broschüren einheitlich, kann er sich darin schneller orientieren.

Die Vorgaben des Corporate Designs sollten so angepasst werden, dass die Inhalte verständlich und gut lesbar sind. Weitere Hinweise dazu finden Sie im Abschnitt „Weiterführendes".

4. Anhang: Tipps und Hilfsmittel

Aller Anfang ist schwer. Damit es Ihnen im Alltag leichter fällt, einfach zu schreiben, möchte ich Sie in diesem Abschnitt auf einige Hilfsmittel hinweisen.

4.1 Stellen Sie sich einen Muster-Leser vor

Vielen Verfassern fällt es leichter, Texte zielgruppen-gerecht zu verfassen, wenn sie an einen konkreten Leser denken. Stellen Sie sich also eine Person vor, wie sie Ihren Text liest. An welchen Stellen hätte Ihr Leser wohl Probleme?

Es spielt keine Rolle, ob diese Person tatsächlich existiert. Wichtig ist, dass Sie eine konkrete Vorstellung davon haben, wie diese Person denkt. Seien Sie bitte realistisch. Ihr Musterleser sollte kein gestandener Literaturdozent sein.

In der Konzeption von Programmen und Webseiten wird häufig mit Personas gearbeitet. Damit die Zielgruppen leichter vorstellbar werden, entwickeln die Verantwortlichen für jede Zielgruppe einen typischen Charakter. Der Charakter bekommt ein Foto und einen kompletten Lebenslauf mit seinen Vorlieben, Fähigkeiten, Schwächen und typischen Verhaltensweisen.

Auch für Viel-Schreiber kann die Arbeit mit Personas sinnvoll sein. Das gilt vor allem, wenn Sie häufig Texte für Gruppen mit unterschiedlichen Sprach-Niveaus schreiben. Sie können dann für jede dieser Personengruppen eine oder zwei Personas entwickeln. Im Internet finden Sie Vorlagen, die Ihnen die Arbeit erleichtern.

4.2 Finden Sie einen kritischen Gegen-Leser

Vereinbaren Sie mit einem Kollegen, dass sie sich gegenseitig kritisch gegen lesen. Das ist die beste Methode, die es gibt. Bei den Texten anderer Personen sind Sie immer kritischer als bei sich selbst.

Gleichzeitig entwickeln Sie durch das Lesen fremder Texte ein Gefühl dafür, wo die meisten Fehler entstehen. Sie werden bei Ihren eigenen Texten nach und nach immer weniger Fehler machen. Natürlich sollte Ihr Gegen-Leser ebenfalls mit den Leitlinien für einfache Sprache vertraut sein.

4.3 Passen Sie Ihre Richtlinien an

Die meisten Unternehmen und Behörden haben Richtlinien zur Textgestaltung. Das umfasst zum Beispiel:

- Leitlinien zum Schreibstil
- Listen von unerwünschten Begriffen
- Textbausteine für Dokumente
- Leitlinien und Vorlagen zur visuellen Textgestaltung

Diese Leitlinien sollten Sie anpassen, damit Sie die einfache Sprache leichter umsetzen können.

Wie in der Einleitung erwähnt, können Sie die einfache Sprache an Ihre Bedürfnisse anpassen. Ich muss das an dieser Stelle ein wenig einschränken. Die Texte einer Organisation sollten ein einheitliches Sprachniveau haben. Der Leser erwartet, dass alle Inhalte gleichermaßen verständlich sind. Wenn er einen unverständlichen Brief erhalten hat, wird er erwarten, dass auch das nächste Schreiben unverständlich ist. Der Leser wird sich aber auch wundern, wenn er Ihren Brief versteht, aber Ihre Broschüre für ihn unverständlich ist.

Das gilt nicht, wenn sich Ihr Text tatsächlich an eine spezielle Zielgruppe richtet und nicht für die Öffentlichkeit bestimmt ist.

4.4 Schreiben Sie einfach

Wenn Sie Texte in einfacher Sprache schreiben möchten, haben Sie zwei Vorgehensmöglichkeiten:

- Sie können Ihren Text wie gewohnt schreiben und ihn anschließend in einfache Sprache übersetzen. Das ist bei der Leichten Sprache üblich.
- Sie können versuchen, den Text sofort in einfacher Sprache zu schreiben.

Ich möchte Ihnen empfehlen, direkt in einfacher Sprache zu schreiben. Das wird Ihnen am Anfang schwer fallen, aber Sie werden nach und nach Routine gewinnen.

Der Grund für meine Empfehlung ist, dass das Übersetzen genau genommen das Erstellen eines neuen Textes ist. Beim Übersetzen aus Fremdsprachen ist das noch anschaulicher: Ein aus dem Englischen ins Deutsche übersetzter Text ist ein eigenständiger neuer Text. Mit anderen Worten: Wenn Sie einen Text in einfache Sprache übersetzen, schreiben Sie zwei Texte und arbeiten mehr als nötig.

Die leidige Aufgabe des Redigierens muss trotzdem erledigt werden. Aber je häufiger Sie einfache Sprache schreiben, desto einfacher wird es Ihnen fallen. Sie werden immer weniger Zeit für das Überarbeiten benötigen.

4.5 Lassen Sie den Text eine Weile liegen

Wenn Sie einen Text nach ein paar Tagen noch einmal lesen, ändert sich Ihre Perspektive. Ihnen fallen Stellen auf, die Ihnen bei der ersten Prüfung unmittelbar nach dem

Schreiben entgangen wären. Wenn Sie den Text ein paar Tage liegen lassen, werden Sie ihn so lesen, als ob es der Text eines anderen Verfassers ist.

4.6 Technische Hilfsmittel

Es gibt Programme, die Ihnen den Schreiballtag erleichtern können. Sie sind vor allem nützlich, um maschinell erkennbare Probleme schneller zu finden.

Statistische Analyse-Tools

Es gibt eine ganze Reihe von Instrumenten, um die Text-Verständlichkeit statistisch zu messen. Dabei wird zum Beispiel gemessen, wie lang die Sätze, Wörter und Absätze sind.

Diese Werte sind begrenzt aussagefähig. Einen langen Satz auf zwei Sätze aufzuteilen macht den Satz nicht automatisch verständlich. In den Händen eines erfahrenen Verfassers sind die Tools aber ein sinnvolles Hilfsmittel.

Der Flesch Reading Ease score ist in Word integriert. Er mißt unter anderem die Wort- und Satzlänge und bewertet auf dieser Basis die Lesbarkeit.

Sie finden außerdem eine ganze Reihe von Online-Tools sowie Erweiterungen für Office. Am besten probieren Sie aus, mit welcher Anwendung Sie am besten zurechtkommen.

Beachten Sie bitte auch, dass die meisten statistischen Methoden für die englische Sprache gedacht sind. Im Deutschen sind die Wörter und Sätze oft länger als im Englischen.

Das Language Tool

Das kostenlose Language Tool bietet eine Rechtschreibprüfung sowie eine Stilanalyse auch für Leichte Sprache an.
Es gibt drei Möglichkeiten, das Language-Tool zu nutzen:

- Über die Website können Sie Ihren Text direkt hineinkopieren
- Es gibt eine Erweiterung für LibreOffice und OpenOffice.
- Außerdem gibt es das Programm als eigenständige Desktop-Anwendung.

Das Tool bietet auch die Möglichkeit, eigene Regeln zu erstellen. Dafür müssen Sie sich allerdings ein wenig intensiver mit dem Programm beschäftigen.

Das Programm Papyrus Autor

Papyrus Autor ist eine kostenpflichtige Software. Sie richtet sich vor allem an professionelle Schriftsteller. Das Programm bietet unter anderem eine Stilanalyse.
    Mit der Stilanalyse können Sie zum Beispiel lange Sätze, Füllwörter oder überflüssige Adjektive aufspüren.
    Sie erlaubt zum Beispiel die Suche nach.

4.7 Weiterführendes

- Domingos de Oliveira. Barrierefreiheit im Internet. 2013
- www.netz-barrierefrei.de
- Bundesverwaltungsamt. Arbeitshandbuch Bürgernahe Verwaltungssprache als PDF
- http://www.bva.bund.de

- Goethe-Institut. Wortschatz B 1 als PDF
- http://school28.edukit.lviv.ua/Files/downloads/B1_Wortschatz.pdf
- Landschaftsverband Westfalen-Lippe. Leitlinien für ein barrierefreies Design
- https://www.lwl.org/LWL/Der_LWL/PR/LWL-Corporate-Design/allgemein/barrierefreie-gestaltung
- Stadtverwaltung Bochum. Tipps zum einfachen Schreiben - Ein Leitfaden zur bürgernahen Verwaltungssprache bei der Stadtverwaltung Bochum. PDF unter
- https://www.bochum.de/C12571A3001D56CE/vwContentByKey/N26R27EF053HGILDE/$FILE/einfachesschreiben.pdf
- Bayerisches Staatsministerium des Inneren. Freundlich, korrekt und klar Bürgernahe Sprache in der Verwaltung. PDF
- https://www.uni-augsburg.de/einrichtungen/gleichstellungsbeauftragte/downloads/broschuere_freundlich_korrekt.pdf
- plainlanguage.gov. Federal Plain Language Guidelines
- http://www.plainlanguage.gov/site/contactus.cfm
- Universität Hamburg. Informationen zur Level-One-Studie
- http://blogs.epb.uni-hamburg.de/leo/